I0712060

# Democracia sin partidos;
## La tecnología en la democracia

# Democracia sin partidos;
## La tecnología en la democracia

*Por*

*Armando G. Lagos Barba*

*2023*

*Para Bárbara Caamaño por*

*lo que ella es,*

*y por lo que es para mí*

# Contenido

# Democracia sin partidos

*Los humanos no siempre
pensamos racionalmente,
lo cual no es del todo catastrófico.
Pero, lo que sí es trágico,
es descuidar esta perplejidad y
basar la política en supuestos derivados
del costumbrismo.
Todo evoluciona, y con prudencia
debemos atender los nuevos desarrollos
de la tecnología y de la mente.*

## Introducción.

En muchas partes del mundo, los votantes parecen estar alejándose de las organizaciones políticas tradicionales, están decepcionados y van en busca de nuevas alternativas de organización política. Al parecer es un fenómeno internacional. En Europa, por ejemplo, se acusa a los partidos de centro izquierda tradicionalmente poderosos de ignorar a sus votantes, lo que podría contribuir a una reacción violenta como la que ayudó a empujar al Reino Unido al Brexit. Desde 1796, el presidente George Washington criticó a los partidos políticos por permitir que "hombres astutos, ambiciosos y sin principios… subvirtieran el poder del pueblo". [1]

El creciente desencanto con los partidos, ha inspirado un debate entre los politólogos. Por un lado, los defensores del sistema tradicional de partidos sostienen que la democracia depende de facciones políticas fuertes, organizadas y dignas de confianza. Por otro lado, la ciudadanía trata de evitar los partidos y sus intereses cupulares e ir directamente a la gente. Pero, se argumenta, que sin partidos tendríamos un caos, que no se podría gobernar.

Se piensa que una democracia sin partidos, es una quimera; que no puede haber democracia sin que la voluntad de pueblo sea ejercida, sea ejecutada, por medio de representantes aglutinados en partidos, de acuerdo a su similitud ideológica. Se dice que no se puede triunfar políticamente en nuestro actual sistema de gobierno —basado en partidos— sin tener el apoyo, o la afiliación y seguimiento de los lineamientos de un determinado partido y su ideología. Incluso se ha llegado al exceso de pensar que: "los partidos políticos crearon la democracia y… la democracia moderna es impensable salvo en términos de partidos". [2]

En pocas palabras, "que no puede haber democracia sin partidos", lo cual es desmentido por el mismo origen de la concepción de democracia en la antigua Grecia, que, como veremos más adelante empezó sin partidos. Además, tenemos los ejemplos de algunos

---

1 https://www.biografiasyvidas.com/monografia/washington/
2 Schattschneider EE. Party government. New York: Routledge 1942, p. 1

países que, en la actualidad, presentan diversas variaciones de democracia sin partidos. Incluso, para ser más precisos, en nuestro contexto nacional, tenemos el reciente caso que demuestra en forma evidente, cómo el pueblo se aglutinó en un movimiento, sin partido, liderado por Andrés López Obrador, que al final le llevó al triunfo y obtuvo la presidencia y que solamente tuvo que constituirse en partido (Morena) a fin de cumplir con los requerimientos legales-administrativos a fin de poder participar en la contienda por la presidencia de la república.

## ¿Qué es la democracia?

En primer lugar, definamos lo que es democracia y también lo que son los partidos políticos. La premisa de la democracia, "demoskratos" ateniense era la supremacía del "demos" pueblo y "kratos" poder. Esto es, democracia es igual a poder del pueblo. A la hora de decidir la política y la igualdad de oportunidades de los ciudadanos para ocupar cargos públicos siempre se anteponía el sentir popular, el sentir del pueblo para ocupar cargos públicos que inicialmente eran "puestos honoríficos" sin remuneración alguna como en ciertos casos se sigue en la actualidad en la gobernanza de Suiza y en otros pequeños países. Pero primero empecemos por nuestro país.

Los partidos políticos son simultáneamente organizaciones (es decir, actores dentro de un entorno institucional determinado) e instituciones (es decir, imponen reglas de comportamiento tanto a los miembros como a los votantes). Emergen endógenamente cuando promueven los intereses propios de los tomadores de decisiones políticas racionales, los políticos, los demandantes de políticas y los votantes. Esto implica que las instituciones más amplias de toma de decisiones colectivas, el derecho a proponer políticas, ocupar cargos públicos y las reglas de votación, afectan los incentivos para formar partidos al tener que enfrentar a una serie de variables intervinientes emanadas de las sociedades. También, los partidos operan reglas internas para la membresía, las finanzas, la elección de líderes y la adopción de manifiestos que a su vez están supeditados a otros organismos de mayor jerarquía. Todo lo anterior hace que el funcionamiento de un partido sea muy complejo, especialmente cuando tiene una democracia interna.

## Albores de la democracia

Aunque existen muchas críticas sobre tomar como ejemplo de administración política a la antigua Grecia, en nuestra cultura no puede dejar de ser un punto de referencia importante. Como veremos, en la actualidad existen gobiernos —muchos de ellos de pequeños países y comunidades—, y otros más maduros y extensos, como es el caso de Suiza, que ejercen su gobernanza siguiendo —cuando menos en parte—, siguiendo los lineamientos administrativos estructurales originales y democráticos de la cuna de la democracia.

En los albores de la democracia, esta se ejercía por medio de la participativa directa, sin intermediarios ni representantes de la voluntad ciudadana. Las condiciones de gobernanza al comienzo de la democracia, estaban regidas por manifestaciones y asambleas ciudadanas, por votación de mayoría simple y no había de grupos organizados políticamente a lo largo de identificaciones ideológicas.

En Atenas, la "democracia" (que literalmente significa gobierno del pueblo) estaba en oposición a aquellos que apoyaban un sistema de oligarquía (gobierno de unos pocos). La democracia ateniense se caracterizó por estar dirigida por los "muchos" (la gente común) que estaban asignados a los comités que dirigían el gobierno. Una característica fundamental, y desde nuestra perspectiva moderna —la más peculiar de la política democrática ateniense—, fue la ausencia de partidos políticos.

Un partido político es un grupo organizado para elegir candidatos a un cargo y para promover un conjunto particular de principios políticos. Se dice que la organización de la actividad política a través de partidos resuelve una serie de problemas de información y coordinación para la aprobación de leyes. Sin embargo, el gobierno representativo, en la antigua Atenas dentro el proceso democrático fue "la participación directa de la gente común en el autogobierno colectivo" y así llegaban a solventar sus problemas de administración pública. Sin embargo, tenemos que reconocer que eran conglomerados más pequeños que los modernos estados, tema que ya trataremos de cómo se puede solventar la comunicación directa, rápida y precisas apoyándonos en la tecnología digital moderna.

### Pericles resalta el valor de la democracia en su oración fúnebre en el capítulo III:

Disfrutamos de un régimen político que no imita las leyes de los vecinos; [3] más que imitadores de otros, en efecto, nosotros mismos servimos de modelo para algunos.[4] En cuanto al nombre de nuestra administración, puesto que está en manos de la mayoría, y no de unos pocos, a este régimen se le ha llamado democracia; [5] respecto a las leyes, todos gozan de iguales derechos en la defensa de sus intereses particulares; en lo relativo a los honores, cualquiera que se distinga en algún aspecto puede acceder a los cargos públicos, pues se le elige más por sus méritos que por su categoría social; y tampoco al que es pobre, por su oscura posición, se le impide prestar sus servicios a la patria, si es que tiene la posibilidad de hacerlo. [6]

En la práctica, las oportunidades para ocupar puestos públicos, se dirimían mediante el debate y la votación en la Asamblea **y el azar**; los puestos estaban

---

3 Alusión a Esparta, cuya Constitución —se decía— era imitación de la de Creta. El tema de la oposición entre el espíritu espartano y el ateniense reaparecerá, implícita o explícitamente, en muchos pasajes de este retrato ideal de Atenas que aquí comienza y que ocupa los cinco capítulos centrales del discurso, desde el III al VII.

4 Probablemente alude a roma, que algunos años antes había enviado emisarios a Atenas con el propósito de aprender de su desenvolvimiento cívico.

5 Desde antiguo, al parecer, llamó la atención esta definición de democracia, y ya un par de manuscritos medievales corrigieron el texto griego tradicionalmente transmitido, cambiando oikeîn por hékein, de modo de hacerlo decir: "...puesto que la administración está en manos de (en vez de: se ejerce en favor de) la mayoría y no de unos pocos...". No debemos olvidar, además, que estamos ante un texto constituyente, instaurador, donde la reflexión política está recién dando sus primeros pasos. ¡Si hasta la palabra misma democracia no tenía entonces medio siglo de vida todavía!

6 Lagos Barba, Armando G. Teoría Política y su Evolución. Tercera Edición. 2023. Amazon Publishers. Pág. 181 y Sig.

sujetos a rotación con sorteo y bajo el escrutinio de tribunales ad hoc.

Dadas estas circunstancias iniciales de la Democracia, especialmente derivadas en los desarrollos posteriores, era poco probable que emergieran partidos porque estaban ausentes en el lanzamiento de la democracia. Cuando la Asamblea tomó el control directo en una sola circunscripción y adoptó la votación por mayoría simple, los ciudadanos en lugar de los funcionarios electos iniciaron la legislación, los líderes políticos para permanecer en el mismo cargo, tenían que ganar los votos de la Asamblea sobre cuestiones de política. El sistema de selección a cargos públicos para tareas administrativas rutinarias por sorteo y la rotación anual disminuían los motivos para la emergencia de cualquier tipo de control grupal, partidista. Todo se manejaba más bien basado en la expresión y acatamiento de la voluntad expresada directamente por parte de los individuos.

Por otro lado, en nuestros días, los partidos políticos son organizaciones formales, duraderas y de masas de ciudadanos, que informan a los votantes sobre cuestiones de política pública, como nominar candidatos para cargos públicos y luchar en las elecciones por el derecho a gobernar. Los partidos políticos, están omnipresentes en las democracias representativas modernas, pero estaban ausentes en la cuna de la democracia, la antigua Atenas. Gran parte del procedimiento para ocupar cargos públicos y determinar las políticas públicas, se hacía a través del procedimiento conocido como Sortiton.

El Sortiton, se refería, y refiere en la gobernanza actual, al sorteo, al azar. También es conocido como selección por lotería, selección por sorteo, adjudicación por el azar, demarquía, estococracia, democracia aleatoria, lotería democrática y lotocracia. **Se refiere a la selección de funcionarios públicos o jurados utilizando una muestra representativa aleatoria.** Esto minimiza el faccionalismo ideológico, ya que los seleccionados para servir, pueden priorizar el estudio de las decisiones políticas frente a ellos, en lugar de hacer campaña de acuerdo a una inclinación ideológica determinada y a la que están sujetos so pena de ser excluidos o simplemente, discriminados. Un ejemplo actual de la elección por azar es la insaculación por medio de una "tómbola" de la presidenta del Consejo del INE, Lic. Guadalupe Taddei Zavala.

En la antigua democracia ateniense, el sorteo era el método principal y tradicional para nombrar a los funcionarios políticos, y su uso se consideraba una de las características más importantes y principal de la democracia. No había partidos ni nada parecido al sentido moderno de los partidos político; la voluntad ciudadana, del pueblo, se hacía ver y ejercía en forma directa para su ejecución. No había representatividad para la toma de decisiones entre la ciudadanía y la gobernanza; ni había intermediarios entre la ciudadanía y el ejercicio de gobernar. La democracia ateniense se desarrolló en el siglo VI a. C., a partir de lo que entonces se llamaba isonomía (igualdad de leyes y derechos políticos). El sorteo era entonces la principal forma de lograr esta equidad. Se utilizó para elegir a la mayoría de los magistrados para sus comités de gobierno y para sus jurados (típicamente de 501 hombres).

Los atenienses creían que el sorteo, y no las elecciones, era lo democrático y utilizaron procedimientos complejos con máquinas de adjudicación (kleroterion) especialmente diseñadas para evitar las prácticas corruptas utilizadas por los oligarcas para comprar su puesto.

Un kleroterion era un dispositivo de aleatorización utilizado por las polis atenienses durante el período de la democracia para seleccionar ciudadanos para la boulé y en general, para la mayoría de los cargos estatales, los jurados de los tribunales y otros cargos. El kleroterion era una losa de piedra incisa con filas de ranuras y con un tubo adjunto. Las fichas de los ciudadanos llamadas pinakia (que identificaban específicamente a un ciudadano), se colocaban al azar en las ranuras para que todos los miembros de cada una de las tribus de Atenas tuvieran sus fichas colocadas en la misma columna. Por medio de un mecanismo aleatorio se seleccionaba a los ciudadanos a ocupar diversos puestos de gobierno.

Tanto Aristóteles, como también Heródoto enfatizan la selección por sorteo como una prueba de democracia. Este último escribe: "El gobierno del pueblo tiene el nombre más justo de todos, igualdad (isonomía), y no hace nada de las cosas que hace un monarca. El sorteo determina los cargos, el poder es responsable y la deliberación se lleva a cabo en público". [7] En aquel entonces, se aceptaban como democráticos los cargos públicos asignados por sorteo; y como oligárquicos cuando eran cubiertos por medio de una elección. Aristóteles relaciona igualdad con democracia. Así, la democracia surgió de la idea de que quienes son iguales en cualquier aspecto son absolutamente iguales en todos. Todos son igualmente libres, por lo tanto afirman que todos son absolutamente libres.

Se puede argumentar que los conceptos de los partidos modernos no podían aplicarse a la antigua Atenas porque era una entidad política de tamaño pequeño donde los ciudadanos votaban directamente sobre las políticas. Ática tiene unos 3.800 kilómetros cuadrados, y en el siglo IV, la ciudadanía ateniense exclusivamente masculina ascendía, aproximadamente a 30.000. Si los ciudadanos con derecho al voto se hubieran contado por cientos de miles o millones, la democracia directa habría sido inviable. Es evidente que en grandes poblaciones repartidas en amplias áreas, debatir y votar en reuniones abiertas es casi imposible a no ser que se utilice la tecnología moderna como lo veremos al final del presente. Sin embargo, una explicación basada en el tamaño pequeño no necesariamente implica improvisación. La democracia directa ateniense no era una reunión fortuita de multitudes; habían establecido complejos mecanismos de elección colectiva y un gran

7 Headlam, James Wycliffe (1891). Election by lot at athens. The University Press. P. 12

número de ciudadanos ocupaba cargos públicos con responsabilidades delegadas. Encarnó una rica gama de instituciones cuya contribución debe ser explicada dentro del marco de una comprensión completa de la ausencia de partidos. Los líderes políticos atenienses compitieron entre sí para ganar el apoyo de los votantes para sus políticas propuestas. Pero no crearon asociaciones duraderas entre ellos para facilitar la aprobación de la legislación, ni grupos formales para organizar seguidores masivos (Partidos).

Por otro lado, con el desarrollo de las tecnologías de la comunicación actuales, los impedimentos para una comunicación, de ida y vuelta entre los ciudadanos y quienes toman las decisiones de gobierno se ven afectadas en el sentido de que ahora la comunicación de la voluntad ciudadana puede ser registrada casi instantáneamente.

**El punto importante a resaltar aquí, en cuanto a la evolución del pensamiento social de la consciencia universal, es que hasta entonces en la historia del hombre, las decisiones de un pueblo eran tomadas por un líder, cualquiera que fuera su origen de poder; fuerza bruta, religiosa, magia o herencia. Los atenienses tuvieron el brillante chispazo intelectual de concebir, por primera vez, la legitimidad y oficialización de un gobierno emanado y controlado por el pueblo.**

## Democracia sin partidos en Roma.

Como hemos visto, con base a la información histórica que tenemos, podemos decir que la democracia en la antigua Atenas no tenía partidos, no tenían representantes, los ciudadanos votaban directamente sobre las leyes o decisiones a tomar. Más tarde, con los romanos, herederos de la cultura griega, las elecciones a cargos de gobierno eran directas, aunque más tarde surgieron las facciones de los Optimates y los Populares dentro de Senado Romano. Los Optimates en latín "los mejores" y los Populares o "apoyados por el pueblo". Los Optimates han sido vistos como partidarios de la autoridad irrestricta del senado. La visión tradicional de los Optimates se refiere a los aristócratas que defendieron sus propios intereses materiales y políticos y se comportaron de manera similar a los conservadores modernos al oponerse a la redistribución de la riqueza y apoyar un gobierno pequeño. Mientras que los Populares se enfocaban en operar con el apoyo de asambleas populares, generalmente en oposición al senado.

Los Populares en estudios actuales indican que "no implican un 'partido' coordinado con un carácter ideológico distintivo o una especie de agrupación política de la que no hay pruebas en Roma, sino que simplemente aluden a un... tipo de senador" que "al menos en ese momento actuaban como hombre del pueblo".[8]

---

8 Morstein-Marx, Robert (2004). Oratoria de masas y poder político en la tardorrepública romana . ISBN 978-0-521-82327-2.

Esta dicotomía del poder y la búsqueda de apoyo se da incluso cuando Julio Cesar invoca el apoyo del "populacho" —el ejército y el pueblo—, en contra de directrices del Senado (Optimates) a fin de defender y mantener su posición. Esta dicotomía de opuestos en pugna por el poder va a seguir a lo largo de la historia en sociedades organizadas.

## Gobernanza no partidista en el antiguo México.

Durante la conquista de México, uno de los pueblos enemigos acérrimos de los Aztecas eran los Tlaxcaltecas, a quienes nunca pudieron subyugar y fueron grandes aliados de los españoles, incluso podemos decir que fueron ellos los que realmente conquistaron la Gran Tenochtitlan. El sistema y organización de los Tlaxcaltecas era marcadamente diferente del sistema de los Aztecas. Mientras los Aztecas eran gobernados por un gran Tlatoani; esto es, tenían un sistema social de pirámide aguda con el Tlatoani a la cabeza: los Tlaxcaltecas tenían un sistema de pirámide chata en donde no había lugar para un líder omnipotente.

En el reciente estudio, 2006, de la cultura Tlaxcalteca realizada por el Cinvestav (Centro de Investigación y de Estudios Avanzados), apoyado por la *National Science Foundation* y el Conacyt, se llega a los siguientes hallazgos y conclusiones:

> Una sociedad colectiva, igualitaria, sin nepotismos, donde el sistema político funcionaba y en la que las diferencias en las condiciones de vida de la gente común y la clase gobernante eran mínimas, son las características con las que describe Lane

Fargher, investigador del Cinvestav Unidad Mérida, a la antigua Tlaxcallan, una ciudad mesoamericana que ha mapeado y excavado desde 2006 buscando entender su funcionamiento.

Fundada alrededor del año 1250 y ubicada cerca de la capital del estado de Tlaxcala, esta zona arqueológica de casi 450 hectáreas muestra, gracias al mapeo de su paisaje urbano, el estudio de documentos coloniales y del análisis de patrones comparativos con otras civilizaciones, que era una sociedad altamente colectiva y cooperativa, dice Lane Fargher, adscrito al Departamento de Ecología Humana.

Hoy podemos decir que Tlaxcallan, en términos estrictamente científicos, era lo que hoy llamamos una república, antes de la conquista de los españoles, más que una democracia. El poder supremo estaba concentrado en un consejo gobernante de entre 50 y 250 miembros, quienes accedieron a esa posición a través del mérito por servicio al Estado y colectivamente construyeron las políticas que los gobernaban. No había una tradición de heredar el poder, sino un verdadero interés por servir.

Para convertirse en integrantes del gobierno, los candidatos tenían que someterse a unas duras pruebas. Por ejemplo, acudir a la plaza pública y desnudarse para ser abucheados y golpeados por la multitud. Si pasaban a la segunda fase, debían permanecer hasta dos años en un templo, donde bajo la instrucción de los sacerdotes, aprendían el código moral y legal del Estado, de acuerdo con narraciones de Fray Motolinía y de cronistas como Diego Muñoz Camargo.

Cada integrante del gobierno tenía la responsabilidad de administrar una subdivisión del Estado al que llamaban Tecali, donde vivían grupos de personas. Ellos se encargaban de los servicios públicos, recolectar impuestos, mantener la seguridad, entre

# La tecnología en la democracia

otras actividades. A su vez cada gobernante elegía a otros funcionarios para asistirles, dependiendo el tamaño y complejidad de su Tecali.

La ciudad de Tlaxcallan, el asentamiento más grande del estado del mismo nombre, estaba dividida en tres distritos y éstos a su vez en 20 barrios, y en cada uno había cerca de mil a 2 mil personas. Para Lane Fargher, la buena organización de los tlaxcaltecas les permitió repeler al ejército del imperio de la Triple Alianza Azteca y mantener su independencia y libertad, mientras que las culturas vecinas que no estaban organizadas de manera colectiva cayeron ante los aztecas.

Otro aspecto es la religión, los templos estaban dedicados al dios Tezcatlipoca, asociado con el mérito y la igualdad. Para ellos las personas tenían un valor por sus acciones, y no por ostentar un rango o por herencia. Así, mientras que los tlaxcaltecas veneraban a este dios, la nobleza azteca le tenía miedo, ya que pensaban que iba a llegar a quitarles toda su riqueza y poder, señala el también doctor en antropología por la Universidad de Wisconsin-Madison.

Para el científico del Cinvestav Unidad Mérida, estudiar este tipo de culturas prehispánicas permite recordar que hay alternativas para la organización, por ejemplo, que se puede lograr el beneficio de la gente, a través de la colectividad.

Los procesos de cooperación y de acción colectiva darían más capacidad de construir mejores sociedades. Los tlaxcaltecas implementaron estrategias de control para la corrupción, sistemas de seguridad y la amplia provisión de bienes y servicios públicos (sin tener las tecnologías complejas que disfrutamos hoy en día) y eliminando el paternalismo. [9]

---

9    Boletín cinvestav / Ciudad de México, 26 de marzo de 2017.

El poder supremo estaba concentrado en un consejo gobernante de entre 50 y 250 miembros, quienes accedieron a esa posición a través del mérito por servicio al Estado y colectivamente construyeron las políticas que los gobernaban. No había una tradición de heredar el poder ni bienes materiales, los cuales eran repartidos entre la comunidad a la muerte del dueño. Tenían un verdadero interés por servir en forma comunitaria.

Su gobierno estaba dividida entre cuatro grandes áreas donde cada una nombraba un jefe máximo y entre ellos gobernaban. Los Tlaxcaltecas no había un dirigente supremo, sino que de acuerdo a las circunstancias se nombraban los dirigentes que al caer eran rápidamente substituidos, sin mayores contratiempos. Mientras que entre los Aztecas, la caída del líder era grandemente sentida y provocaba desasosiego e incluso desbandadas. Esta fue una de las causas por las que los Aztecas nunca pudieron conquistar a los Tlaxcaltecas quienes como reconocimiento fueron la única etnia a quienes por parte de los españoles, se les otorgó una extensión de terreno que en la actualidad viene a constituir el estado de Tlaxcala. Además en el centro o plaza principal de cada ciudad que fundaban los españoles, un costado de la plaza principal era para la representación Tlaxcalteca, otra para la iglesia católica, otra para la representación de los españoles y la cuarta para la representación de los lugareños.

# Cherán

En la actualidad en México, un ejemplo de gobierno comunitario, sin que se autorice el ingreso de partidos, es Cherán. Se han realizado diversos estudios sociológicos sobre su forma de gobierno. Uno de ellos fue realizado por la BBC de Inglaterra, que realizó una investigación sobre la administración política de esta comunidad que difiere del resto del país:

> Primero se organizaron para proteger a sus bosques de los taladores. Luego se atrincheraron, armados, para resistir a las bandas de delincuencia organizada que querían arrasar la comunidad. Y ahora eligieron a su manera a los gobernantes, lejos del sistema electoral de México. En Cherán no quieren a los partidos políticos.

> Michoacán es el estado donde, en 2006, inició la actual guerra contra el narcotráfico que ha causado la muerte a más de 47.000 personas, según cifras oficiales. El gobierno de Michoacán no atendió sus llamados de auxilio, cuenta Salvador, y entonces los ciudadanos se organizaron para sobrevivir.

> Lo primero que hicieron fue desconocer al gobierno municipal. Luego colocaron trincheras en las entradas al pueblo, con guardias armados, mientras grupos de hombres y mujeres recorrían las calles para evitar conflictos.

> La defensa del pueblo dio paso a otro tipo de organización, cuenta Salvador. "Hace tres años no podíamos organizarnos, lo impedían los partidos políticos. Las familias, los barrios, la comunidad estaba dividida".

## *Democracia sin partidos*

"Cuando tuvimos el problema de inseguridad la gente dijo ya basta también de los partidos políticos y del mal gobierno".

Así, en noviembre pasado Cherán no participó en el proceso para elegir nuevo gobernador, alcaldes y diputados. Decidieron, entonces, designar a sus autoridades con base en sus usos y costumbres:

Todas las personas mayores de 18 años se reunieron en la plaza para elegir al Concejo Autónomo, integrado por representantes de cada uno de los barrios.

No se depositaron votos: los simpatizantes de cada candidato se formaron frente a ellos, y ganaron quienes reunieron más personas en la hilera. [10]

La profesora María del Carmen Ventura Patiño, investigadora de El Colegio de Michoacán, realizó un documento: *Proceso de autonomía en Cherán. Movilizar el derecho*, en dónde hace los siguientes comentarios refiriéndose a la evolución política de Cherán:

Se vive un proceso de desencanto de la vía partidaria; el PRD en un primer momento representó un espacio al que se sumó una parte importante de los miembros de las comunidades indígenas, que hizo posible poner fin a un régimen de partido único, de construir una alternancia en el poder. Sin embargo, pronto mostró signos de agotamiento, empezaron a repetir las viejas prácticas priístas. Las comunidades volvieron a ser excluidas, ahora por el partido al que ayudaron a ganar el gobierno municipal. En ese sentido, la democracia electoral y representativa no significó un cambio sustantivo a sus reclamos. Es en su proceso organizativo, en su

---

10    https://www.bbc.com/mundo/noticias/2012/01/120125_cheran_michoacan_indigenas_an

capacidad de gestión y negociación ante el Estado y apoyados en el marco jurídico internacional que van construyendo su propio camino. Van ensayando otras formas de participación política, abonando a una democracia incluyente y sustantiva, innovando la demo-diversidad. [11]

Lo que es evidente es que la evolución del pensamiento político continúa en evolución en el orbe, y se buscan nuevas formas de gobernanza basadas en una democracia más directa, sin representantes que tergiversen el sentir de los pueblos.

## Origen de los partidos

A pesar de la insistencia anglosajona de sostener que la formación de los congresos en el mundo está basada en el parlamento inglés del siglo XVII, podemos ver que el parlamento el *Alþingi Islandia*, **se considera el parlamento activo más antiguo del mundo.** Se estableció como una asamblea al aire libre o thing celebrada en las llanuras de *Þingvellir* alrededor del año 930, sentó las bases para una existencia nacional independiente de Islandia. [12]

Por otro lado, la UNESCO, refrenda que el primer Parlamento del mundo fue en León, España, y no en el Reino Unido:

El corpus documental de Los "Decreta" (o Decretos) de León de 1188 contiene la referencia al sistema parlamentario europeo más antigua que se conozca hasta el presente. Estos documentos, cuyo origen se

---

11    https://www.scielo.org.mx/scielo.php?script=sci_arttext&pid=s1665-05652012000300006

12    https://es.wikipedia.org. ALÞINGI

remonta a la España medieval, fueron redactados en el marco de la celebración de una curia regia, en el reinado de Alfonso IX de León (1188-1230). Reflejan un modelo de gobierno y de administración original en el marco de las instituciones españolas medievales, en las que la plebe participa por primera vez, tomando decisiones del más alto nivel, junto con el rey, la iglesia y la nobleza, a través de representantes elegidos de pueblos y ciudades. [13]

También existe la visión anglosajona que argumenta que los parlamentos modernos, con el poder de controlar la autoridad de los reyes, aparecieron en Inglaterra a fines del siglo XVII (después de las concesiones hechas por el rey a los barones descritas en la Carta Magna de 1215) y se extendieron lentamente a Europa y América a lo largo de los años en el siglo 18.

Los partidos de élite se originaron en los primeros días de los parlamentos. Sus miembros eran notables locales seleccionados por un sufragio restringido (que comprendía solo clases nobles y terratenientes) con fuertes lazos locales, que compartían intereses comunes y votaban de acuerdo con sus conciencias en lugar de seguir líneas partidistas.

Los partidos de masas aparecieron a fines del siglo XIX y principios del XX derivado de la extensión de los derechos a voto de las clases más pobres que antes estaban privadas de sus derechos. También, el papel cada vez mayor del Estado en la regulación del proceso de industrialización y los conflictos internacionales contribuyó a que emergiera su poder. A medida

---

13    https://www.unesco.org/es/memory-world/decreta-leon-1188-oldest-documentary-manifestation-european-parliamentary-system

que las mayorías parlamentarias tuvieron más poder para aprobar leyes, se volvió vital para los grupos parlamentarios —previamente flexibles con preferencias políticas similares en términos generales—, organizarse en unidades coherentes, disciplinadas y estables. Los votantes eligieron las plataformas de los partidos y votaron por los candidatos nominados por los partidos, quienes votaron en el parlamento de acuerdo con las líneas del partido.

## Inicio de los partidos políticos

Como hemos visto, la democracia en la antigua Atenas no era partidista, ya que los ciudadanos elegibles votaban directamente sobre las leyes, en lugar de elegir representantes. Más tarde, las elecciones a los cargos en la República Romana fueron todas independientes, aunque las facciones informales de Populares y Optimates surgieron dentro del Senado romano (que ya hemos comentado). Así, diferentes facciones políticas que han luchado por el poder han existido desde hace siglos. Algunos ejemplos históricos que muestran un cierto protopartidismo serían los güelfos y gibelinos [14] durante la Edad Media o los jacobinos y los girondinos en la Francia revolucionaria, y el Partido Conservador y el Liberal (Whigs y Tories) en la isla de Gran Bretaña.

---

14    La lucha entre ambas facciones tuvo lugar también en Italia desde la segunda mitad del siglo. Su contexto histórico era el conflicto secular entre el papado, que pasaría a estar apoyado por los güelfos, contra el emperador del Sacro Imperio Romano Germánico, apoyado por los gibelinos. Los términos güelfos y gibelinos proceden de los términos italianos guelfi y ghibellini, con los que se denominaban las dos facciones. Durante esta época ambas facciones representaban a los dos "poderes universales" que se disputaban el dominium mundi.

## Democracia sin partidos

En nuestra estructura política actual, podemos decir que los partidos surgieron de la escisión del grupo de ciudadanos interesados en la política durante la Revolución Francesa en donde los que apoyaban a la monarquía se sentaron a la derecha del recinto de la Asamblea, y los que apoyaban los derechos de los ciudadanos comunes, se sentaron a la izquierda. De ahí surgieron los conservadores (monárquicos) y los liberales o de izquierda (apoyados por el vulgo).

Otros pensadores sugieren que el bipartidismo surgió en Inglaterra, pero el origen de la dualidad política se remonta hasta los albores de la democracia en Grecia. Lo que sí es un hecho, es que el concepto de partido de izquierda y de derecha viene de que, ante el poder, en la Asamblea Nacional, enfrente se encontraban, a un lado y otro los partidarios de izquierda (apoyados por la plebe) y del lado derecho los conservadores (apoyando los intereses conservadores monárquicos. Mientras que por su configuración física de asientos en el Parlamento tipo inglés, el poder está en el medio, entre las dos facciones. Por lo que estas, en todo momento —y dependiendo de los cambios en el gobierno—, las facciones siempre estarán frente a frente con el símbolo del poder al centro, entre las partes. De ahí que el término de "izquierda política" y "derecha" tenga su origen más bien en Francia.

## Democracia inicial en los Estados Unidos.

Es interesante constatar que incluso los "padres fundadores" de Estados Unidos, tenían la intención de que el gobierno no fuera partidista, que no hubiera partidos. James Madison que se considera el "Padre de la Constitución", en el ensayo *Federalist 10,* argumentaba que una facción era como "un número de ciudadanos, fuera una minoría o una mayoría del total, que estuvieran unidos y accionados por algún impulso común de pasión o de interés, contrario a los derechos de otros ciudadanos, o a la intereses permanentes y agregados de la comunidad" [15] **y que siempre derivarían en intereses personales o de grupo y no en beneficio de la colectividad.** Así, los partidos políticos tenían intereses que eran adversos a los derechos de los ciudadanos y al bienestar general de la nación. En este sentido, varios Padres Fundadores preferían —de acuerdo a sus escritos—, una forma de gobierno no partidista. Incluso en la administración primera de los Estados Unidos que presidió George Washington, las **primeras sesiones del Congreso de los Estados Unidos no fueron partidistas.** Las facciones dentro de ese primer gobierno se fusionaron en los dos partidos, Federalista y Demócrata-Republicano. En general, podemos concluir que inicialmente, Estados Unidos no tenía partidos políticos autorizados, pero estos evolucionaron poco después de su independencia.

---

15 *Federalist no. 10* es un ensayo escrito por James Madison como el décimo de los "federalist papers", una serie de ensayos iniciados por Alexander Hamilton que abogan por la ratificación de la constitución de los estados unidos. Es uno de los más respetados de todos los escritos políticos estadounidenses.

## Gobiernos sin partidos en el mundo

Tenemos que reconocer que, hasta el momento, los gobiernos sin partidos son mucho más frecuentes en países con poblaciones pequeñas.

**Nauru,** nombre oficial República de Nauru. Es un país insular y microestado en Oceanía, en el Pacífico Central. No tiene partidos políticos; su parlamento está formado en su totalidad por parlamentarios independientes o parlamentarios, que forman coaliciones de gobierno y bloques de oposición a través de alianzas temporales entre individuos.

**Niue** es un país insular en el Océano Pacífico Sur, su población es predominantemente polinesia, Niue es una de las islas coralinas más grandes del mundo. Los partidos políticos nunca han jugado un papel importante. En la actualidad, no existe ningún partido político y, por lo tanto, los candidatos a las elecciones se presentan como independientes. El único partido que ha existido, es el Partido Popular de Niue que se disolvió en 2003.

**Tuvalu,** anteriormente conocido como las Islas Ellice, es un país insular en la sub región polinesia de Oceanía en el Océano Pacífico. Sus islas están situadas a mitad de camino entre Hawái y Australia. En este país no existen partidos políticos, "los parlamentarios tienen vínculos muy estrechos con sus distritos electorales insulares y el esfuerzo se dirige a equilibrar la representación insular en el gabinete" de gobierno.

Existen otras pequeñas naciones insulares no partidistas que tienen poblaciones pequeñas y muy dispersas. Las poblaciones son muy pequeñas como para considerarlas como poco prácticas desde el punto de vista de investigación política. Las lealtades políticas dependen principalmente de factores relacionados con las familias y las islas.

También tenemos los Países de mayoría musulmana como **Indonesia** donde todos los miembros del Consejo Representativo Regional, la cámara alta de la legislatura bicameral de la nación, tienen prohibido pertenecer a cualquiera de las tendencias hacia partidos políticos. Igualmente, los **Emiratos Árabes Unidos** son un estado autoritario no partidista ya que todos los partidos políticos fueron ilegalizados. También tenemos los casos de **Kuwait**, donde los partidos políticos también son formalmente ilegales ya que no han sido legalizados desde su independencia en 1961. Sin embargo, existen varias organizaciones con un enfoque político, como la Alianza Democrática Nacional, que funcionan como partidos políticos de facto. También tenemos la legislatura unicameral de **Libia**, el Congreso Nacional General, que reservó 120 de sus 200 escaños para políticos independientes en distritos plurinominales. Los otros 80 fueron elegidos a través de un sistema de listas de partidos de representación proporcional. **Omán** no permite los partidos políticos y solo celebra elecciones con sufragio ampliado para una asamblea consultiva. Aunque en la actualidad Omán se está convirtiendo en una monarquía constitucional, actualmente los partidos políticos están prohibidos. En **Arabia Saudí** no hay elecciones nacionales ni partidos políticos legales. A pesar de esto, existen algunos movimientos de oposición.

Caso especial representa el **Estado del Vaticano** que es una teocracia no partidista y en esencia existe como una especie de sede extraterritorial de la Iglesia Católica, sin población sufragante.

## Nacimiento de partidos multitudinarios

Como resultado de los cambios relacionados con la Revolución Industrial que trajo consigo la extensión de los derechos de voto a las clases más pobres de la población —que antes estaban privadas de sus derechos—, aparecieron los partidos multitudinarios. Los partidos se consolidaron a fines del siglo XIX y principios del XX. A medida que las mayorías parlamentarias se volvieron fundamentales para aprobar leyes por medio de representantes que se suponía llevaban el sentir del pueblo a los órganos de decisión política. Así, fue muy importante para los grupos de intereses parlamentarios organizarse en unidades coherentes, disciplinadas y estables. Entonces, los votantes elegían por grupo en lugar de las numerosas opciones individuales. Elegían las plataformas de los partidos, votaban por los candidatos nominados por los partidos, de acuerdo a los intereses de los propios partidos, mas no por los intereses individuales de los representantes que representaban directamente a los ciudadanos.

Los partidos, como modelo de decisión grupal, en bloque, parten de la premisa de que los votantes votan por las propuestas políticas que se espera maximice los beneficios individuales, pero con la fuerza del grupo. Se argumenta que los votantes pueden permanecer racionalmente ignorantes de todas las posibilidades políticas y se les facilita elegir a un grupo que incluya sus deseos. El problema del voto por un partido, surge —desde el punto de la acción individual—, cuando cada legislador, vota por los proyectos de ley que le confieren la mayor recompensa, rechazando los que no le convienen, lo que resulta en el rechazo de todos los proyectos de ley por falta de mayoría. Pero cuando la mayoría de los legisladores que forman un partido, se les obliga a cooperar, pueden aprobar todos los proyectos de ley favoritos del partido, aumentando sus beneficios.

Sin embargo, surge el problema de la imposibilidad cuando los legisladores se enfrentan a opciones de políticas multidimensionales, o tienen preferencias múltiples sobre una sola dimensión. En estos casos, un grupo de legisladores que forman un partido, puede acordar qué políticas apoyar y evitar los ciclos de votación. La plataforma de un partido, de políticas preferidas puede entonces emerger como el resultado ganador. Además, dado que es probable que acordar una coalición implique costos de transacción significativos, es sensato formar partidos que se consoliden por un largo plazo.

## *Democracia sin partidos*

Los partidos, como instituciones que aglutinan simpatizante, militantes y candidatos ideológicamente similares, **señalan sus preferencias a votantes mal informados,** resolviendo una variedad de problemas de información e identificación con objetivos específicos. Al votar por representantes, **los ciudadanos delegan poderes de toma de decisiones a los titulares de representativos que pueden estar mejor informados y gozar de relativa autonomía.**

Esta asimetría genera problemas, donde el representante puede renegar de las políticas prometidas y perseguir sus propios intereses materiales e ideológicos en detrimento de los deseos del elector ciudadano, en otras palabras, traiciona la voluntad del pueblo.

Los ciudadanos individuales, no votan por ganancias políticas, sino por los beneficios psicológicos bajo su identidad y clase, que se deben reflejar en los partidos políticos. Los partidos juegan el papel de clubes que ofrecen un bien público (ideología compartida), dentro del cual es posible la exclusión tanto por las variaciones ideológicas dentro del partido, como por la variación psicológica en los militantes.

La gran mayoría de los ciudadanos enfrentan demandas cotidianas apremiantes que les hacen prestar poca atención a la política y permanecen mal informados. En consecuencia, el comportamiento político y los patrones de votación dependen de la identidad del votante que se origina en el apego a los grupos sociales y psicológicos y una cierta consciencia de clase, lo que hace que los resultados electorales sean en su mayoría reflejos erráticos del equilibrio actual de las lealtades partidistas.

Por otro lado, los votantes individuales también pueden unirse a partidos como activistas, pagando cuotas y participando en actividades para influir en la política y beneficiarse materialmente de estar cerca de los funcionarios electos del partido. En este sentido, los partidos se convierten en "agencias de colocaciones" para quienes buscan "chamba". Aunque también, gran número de militantes participan en partidos políticos por vocación genuina; motivados por el genuino deseo de mejorar su comunidad.

En general, podemos decir que en comunidades con grandes poblaciones, donde los votantes prestan poca atención a la política, el costo de comunicar ideas políticas es alto para crear consciencia y los partidos políticos se presentan como medios para diseminar objetivos políticos en forma compacta, aunque fragmentaria y parcial sujeta a los intereses de grupos y no necesariamente de acuerdo a los intereses de los ciudadanos.

Por otro lado, los partidos ofrecen oportunidades a grupos de interés, poderes fácticos y a los activistas de políticas perniciosas, para nominar y promover a puestos políticos a personas que promuevan sus intereses. En conclusión, los partidos, son organizaciones formales y duraderas con seguidores masivos, que pueden resolver tres problemas:

1.  Problemas de coordinación entre políticos individuales y legisladores en el parlamento.
2.  Problemas de información que aquejan a los votantes sobre decisiones a tomar en las elecciones de candidatos a cargos públicos.
3.  Búsqueda de satisfacción a demandas políticas e ideológicas por parte de los votantes y
4.  Satisfacción psicológica de estar y pertenecer a un grupo con ideas afines.

## Declive de los partidos políticos

En los últimos años, lo imprevisible de los resultados electorales de los principales partidos políticos en las democracias occidentales, ha fortalecido el debate académico sobre los roles que juegan los partidos en el proceso político y las posiciones que ocupan en la mente de los ciudadanos. Los datos de las encuestas electorales nacionales y las encuestas de opinión pública ínter electorales revelan que los partidos han decaído en la mente de los ciudadanos de los Estados Unidos, Canadá y Gran Bretaña durante los últimos 40 años. Las combinaciones variables de porcentajes decrecientes de identificación partidista, los crecientes porcentajes de candidaturas independientes y de no alineados partidistas, además de una creciente inestabilidad a nivel individual, personal en la identificación partidaria, indican que los electorados de los tres países han experimentado importantes "rodeos en el grado de identificación partidista". Los tres casos no son atípicos; la evidencia de la encuesta indica que los vínculos partidistas se han debilitado en una amplia variedad de democracias maduras. [16]

---

16  Annual Review of Political Science. The Decline of Parties in the Minds of Citizens. https://www.annualreviews.org/doi/pdf/10.1146/annurev.polisci.1.1.357 Traducción nuestra.

## La tecnología en la democracia

Varias son las causas de la declinación de los partidos político. Una de ellas son los esquemas de patrocinio que recompensan a los partidarios con puestos en el gobierno, lo que, como ya lo hemos comentado, da lugar a que se conviertan en "agencias de colocaciones". Muchas personas se acercan a los partidos buscando una "chamba" y no por verdadera vocación política encauzada al mejoramiento de su comunidad. Otra de las causas es que muchos partidos ignoran a los militantes con antigüedad y les dan oportunidades a nuevos integrantes, lo que desanima a militantes de "cepa". En general, se cree que los partidos políticos han sufrido una gran pérdida de influencia, lo que a su vez ha sido una pérdida para la democracia en general.

En todo el mundo, los votantes parecen estar alejándose de las organizaciones políticas tradicionales, pero ¿puede la democracia sobrevivir sin ellas?

En 1796, el presidente George Washington criticó a los partidos políticos por permitir que "hombres astutos, ambiciosos y sin principios" "subvirtieran el poder del pueblo". Su acusación parece brutalmente oportuna hoy… La popularidad de los partidos está en su punto más bajo, ampliamente condenados no solo por no ser representativos sino también por ser secuestrados por las élites. De hecho, una proporción cada vez mayor de votantes estadounidenses (38 % en 2018) se identifica como no afiliado a ninguno de los partidos. Esa proporción ahora es mayor que la proporción de votantes que se identifican con republicanos o demócratas.

Parece ser un fenómeno internacional. En Europa, por ejemplo, se acusa a los partidos de centro izquierda tradicionalmente poderosos de ignorar a sus votantes, lo que podría contribuir a una reacción violenta que ayudó a empujar al Reino Unido al Brexit.

La creciente animosidad hacia los partidos ha inspirado el debate entre los politólogos. Los defensores del sistema tradicional de partidos sostienen que la democracia depende de facciones políticas fuertes, organizadas y dignas de confianza. "La gente en la política a menudo trata de rodear a los partidos, ir directamente a la gente. Pero sin los partidos, tendríamos caos", dice la politóloga de la Universidad de Harvard, Nancy Rosenblum, quien explora los desafíos que enfrentan los partidos políticos en la actualidad.

Los votantes, argumenta, no tienen ni el tiempo ni los antecedentes para investigar los costos y beneficios de las políticas y sopesar sus intereses personales frente a lo que es mejor para la mayoría a largo plazo. [17]

La justificación e identificación ciudadana con los partidos tiene dos vertientes. Por un lado, se afirma que los partidos continúan cumpliendo con las responsabilidades que les asigna la teoría democrática, asegurando la lealtad inquebrantable de muchos ciudadanos a sus partidos. Por otro lado, los escépticos sostienen que el declive de los partidos políticos es evidente dado que su importancia en la gobernabilidad democrática va decreciendo y además existen tendencias a la baja en cuanto al apoyo público a los partidos, además del desencanto interno partidista debido a una verdadera falta de democracia interna. En conclusión, se requiere aumentar la consciencia ciudadana sobre la

---

[17] https://www.bbc.com/future/article/20210607-can-we-have-democracy-without-political-parties

importancia de la participación en la política. Esto es que el ciudadano se de cuenta que al final todas las decisiones políticas le afectan a él como individuo.

## ¿Qué es la democracia sin partidos?

La democracia sin partidos es un sistema de gobierno representativo u organización, en que las elecciones universales y periódicas tienen lugar sin referencia a partidos políticos. Como ya hemos visto, las condiciones en los albores de la democracia, estaban caracterizadas por una configuración de manifestaciones y votaciones directas por mayoría simple sin grupos organizados; les era irrelevante el ocupar cargos públicos para determinar las políticas públicas ya que estaban sujetos al azar y a una votación directa en que el caso lo ameritara. Contrariamente al gobierno representativo, en la antigua Atenas el proceso de democracia fue "la participación directa de la gente común en el autogobierno colectivo". Los partidos políticos estaban ausentes de la democracia participativa directa de la antigua Atenas.

En la actualidad, los partidos políticos son organizaciones formales, duraderas —mas no estables—, de masas, que informan a los votantes sobre cuestiones de gobernanza y política. Su principal función es nominar candidatos para cargos públicos y luchar en las elecciones por el derecho a gobernar; son omnipresentes en las democracias representativas. Sin embargo, paradójicamente, frecuentemente caen en una falta de democracia interna dentro del mismo partido.

## Sistemas no partidistas

¿Cómo podría funcionar la democracia con una dependencia menor o incluso nula de partidos políticos y, en particular, sin campañas políticas costosas y potencialmente corruptoras? Una posibilidad sería nombrar grupos de ciudadanos al azar, elegidos como se eligen los jurados en alguno sistemas judiciales. Lo mismo se podría aplicar para dirigir escaños del gobierno, los cuales serían rotativos. Estas asambleas de ciudadanos sí serían más representativas que los actuales sistemas representativos porque no habría permanencia indefinida o inamovible en los puestos. Igualmente, se trataría de evitar que los miembros de cada de gobierno fueran electos por el mismo grupo o cofradía, evitando el nepotismo y la creación de cotos de poder y mafias.

Los sistemas **no partidistas** pueden ser de jure, [18] lo que significa que los partidos políticos están completamente prohibidos o legalmente prohibidos de participar en las elecciones en ciertos niveles de gobierno, o de facto si no existen tales leyes prohibitivas y que sin embargo no haya partidos políticos.

Un sistema sin partidos se diferencia de un sistema de un solo partido —como de hecho ocurrió en México aunque disfrazado—, en que la facción gobernante se identifica a sí misma como un partido, donde la afiliación puede brindar beneficios que no están disponibles

---

18    En derecho y gobierno, de jure describe prácticas que están legalmente reconocidas, independientemente de si la práctica existe en la realidad. Por el contrario, de facto ("de hecho"), describe situaciones que existen en la realidad, incluso si no están legalmente reconocidas.

para los no miembros. Un gobierno de partido único a menudo requiere que los funcionarios del gobierno sean miembros del partido, presenta una jerarquía de partido compleja. Como una institución clave del gobierno, obliga a los ciudadanos a aceptar una ideología partidista y puede imponer su control sobre el gobierno. Los miembros de un gobierno no partidista pueden representar muchas variaciones ideológicas, pero siempre, obviamente, el grupo en el poder lo retiene en forma autoritaria y centralista.

Se han propuesto esquemas de cómo podría funcionar la democracia con una dependencia menor o incluso nula de partidos políticos, sin costosas campañas políticas y potencialmente corruptoras. Una posibilidad podría ser Deliberación Democrática:

> La deliberación involucra a un grupo de personas, tal vez un jurado, un grupo de ciudadanos o una legislatura, que participan en una conversación sólida y basada en hechos sobre un tema importante. Se convierte en un proceso democrático cuando involucra a un grupo inclusivo donde cada miembro tiene la misma oportunidad de participar sin que ninguna persona domine el proceso. El grupo puede ser grande o pequeño, elegido o seleccionado al azar. Ponga esos dos conceptos de democracia y deliberación juntos, y obtendrá toda la belleza del enfoque. Cuando estás abierto a ese tipo de discusiones, aprendes unos de otros y también te informas más sobre el tema. [19]

> Varias naciones europeas ya han probado alternativas a la democracia impulsada por los partidos. En 2019-20, Francia celebró una Convención de Ciudadanos

---

[19] https://knowablemagazine.org/article/society/2019/deliberate-fix-democracy

sobre el Clima, convocando a 150 ciudadanos elegidos al azar para ayudar a idear formas socialmente justas de reducir los gases de efecto invernadero. En diciembre de 2020, el presidente francés acordó celebrar un referéndum sobre una de las sugerencias de la convención, la inclusión de la protección climática en la constitución nacional.

Y en 2016, el Parlamento irlandés reunió a 99 ciudadanos para deliberar sobre temas difíciles, incluida la prohibición constitucional del aborto. La mayoría de la asamblea propuso que se anulara la prohibición, después de lo cual un referéndum nacional confirmó el resultado y cambió la ley, todo ello sin la participación de los partidos políticos establecidos. [20]

De esta forma se podrían nombrar grupos de ciudadanos al azar, elegidos como se seleccionan los miembros de los jurados en algunos países, pero en este caso, para dirigir el gobierno, mientras rotan en términos fijos a través de una "Casa del Pueblo" permanente; un sistema parecido al Suizo en donde muchos puesto de alto gobierno son rotativos, incluso el de primer mandatario.

## Democracia directa

Una democracia directa —también denominada democracia pura—, puede considerarse no partidista ya que los ciudadanos votan las leyes ellos mismos en lugar de elegir representantes. Esto involucra a un grupo de personas, tal vez un jurado, un grupo de ciudadanos o una legislatura, que participan en una conversación sólida y basada en hechos sobre un tema

20   https://www.annualreviews.org/doi/pdf/10.1146/annurev.polisci.1.1.357

importante. Se convierte en un proceso democrático cuando involucra a un grupo inclusivo donde cada miembro tiene la misma oportunidad de participar sin que ninguna persona domine el proceso. El grupo puede ser grande o pequeño, elegido o seleccionado al azar.

**Todo ciudadano busca participar en política si ve alguna utilidad en su vida cotidiana, busca sentir que su actuar político tiene alguna repercusión en su vida cotidiana. Busca sentir que su participación es importante. Nadie quiere perder el tiempo, por lo que no participa si se da cuenta que la agenda ha sido preestablecida y las conclusiones de su actividad política están ya precocinadas como frecuentemente sucede en los partidos.** Además, en este tipo de discusiones, aprenden unos de otros y también se informan mejor sobre el tema. Al unir el concepto de democracia y el de deliberación, se obtiene un enfoque verdaderamente respetuoso de la voluntad ciudadana.

## Ventajas de la democracia directa

Las principales ventajas de la democracia directa son la transparencia, la rendición de cuentas, el compromiso y la legitimidad.

### Transparencia y Rendición de Cuentas

Debido a que los ciudadanos están íntimamente involucrados en la toma de decisiones de gobierno, hay mucha más transparencia que en otros tipos de gobierno donde el ciudadano promedio está más alejado de la toma de decisiones del día a día.

Junto con la transparencia está la rendición de cuentas. Debido a que la gente y el gobierno están trabajando tan de cerca, las personas pueden responsabilizar más fácilmente al gobierno por sus decisiones.

La transparencia también es importante para la rendición de cuentas; **¿Cómo podemos responsabilizar al gobierno si no sabemos lo que está haciendo?**

### Compromiso y legitimidad

Otra ventaja es una mejor relación entre los ciudadanos y el gobierno. Las leyes se aceptan más fácilmente ya que provienen del pueblo. El empoderamiento de los ciudadanos puede conducir a una mayor participación.

Con más compromiso, las personas tienen una mayor confianza en el gobierno, lo que les ayuda a verlo como más legítimo que los tipos de gobierno en los que tienen poca confianza o compromiso.

La implementación exitosa de un esquema político, es un indicador clave de la efectividad de un sistema democrático; si la ciudadanía manifiesta su inconformidad (marchas, manifestaciones, asambleas etc.), es que el sistema político no funciona. Los ciudadanos deben comprender las implicaciones de cada enfoque político, evaluar sus costos, beneficios y considerar los precedentes históricos para ofrecer su conformidad. La e-democracia permite que los ciudadanos realicen estas tareas con la misma eficacia, si no más, que los partidos políticos tradicionales dentro de las democracias representativas. Al aprovechar los avances tecnológicos, la democracia electrónica tiene el potencial de fomentar decisiones más informadas y mayor participación ciudadana en el proceso democrático.

## Desventajas de la democracia directa

Las democracias directas son ideales en algunos aspectos, pero también tienen sus desafíos, especialmente su ineficiencia, la disminución de la participación política, la falta de consenso y la calidad de los votantes.

### Ineficacia

Las democracias directas pueden ser pesadillas logísticas, especialmente cuando el país es grande geográficamente o en términos de población. Sin embargo, con los avances de la rápida comunicación digital, el problema puede ser mitigado.

Pongamos por caso a un país que se enfrentara una hambruna o a una guerra. Alguien tendría que tomar una decisión, y rápido. Pero si todo el mundo necesita votar antes de que el país pueda tomar medidas, llevaría días o semanas incluso organizar la votación, ¡y mucho menos implementar la decisión! No obstante, todo dependería de la atribuciones, de las facultades, de la autonomía para tomar decisiones que tuviera el puesto. Este problema no sería tan grande para los gobiernos municipales o locales más pequeños.

## Participación política

Las frustraciones por la ineficiencia política o gubernamental, pueden conducir rápidamente a una disminución de la participación cívica. Si la gente no participa, entonces el propósito y la función de la democracia directa se pierden.

Los padres fundadores de los Estados Unidos eventualmente diseñaron el gobierno de los Estados Unidos como un gobierno representativo porque sintieron que la democracia directa podría conducir más fácilmente al faccionalismo donde solo la mayoría tiene voz.

## Falta de consenso

En una sociedad altamente poblada y diversa, puede ser difícil para las personas ponerse de acuerdo sobre un tema político controvertido. Sin un fuerte sentido de unidad, consenso y participación, la democracia directa puede verse comprometida rápidamente.

Piense en lo difícil que puede ser para los demócratas y republicanos llegar a una decisión; Ahora imagine que cada persona en un país con alta densidad poblacional, cada uno de sus habitantes, con sus propios puntos de vista, tuviera que llegar a un consenso, la tarea sería muy difícil.

## Calidad del votante

Todo el mundo tiene derecho a votar, pero ¿significa eso que todo el mundo debería votar? ¿Qué pasa con alguien que no sabe o no le importa quién es el presidente, o alguien que es extremadamente intolerante? Votar sobre la legislación, con todos los recovecos administrativos y legales no sería fácil para todos los ciudadanos porno estar lo suficientemente informados o educados para tomar buenas decisiones. Si los votantes toman malas decisiones, puede traducirse en un mal funcionamiento del gobierno y detrimento del bienestar social.

## Conclusiones sobre la democracia directa:

1. La antigua Atenas es el ejemplo más antiguo de democracia directa. Los ciudadanos formaban parte de una asamblea que votaba directamente sobre las políticas y leyes del gobierno.

2. La democracia directa es un sistema de gobierno en el que los ciudadanos votan directamente sobre las decisiones y políticas que les afectan.

3. En una democracia indirecta o representativa los ciudadanos eligen funcionarios para que voten por ellos.

4. Las ventajas de la democracia directa incluyen una mayor transparencia, rendición de cuentas, compromiso y legitimidad.

5. Las desventajas de la democracia directa incluyen la ineficiencia, la disminución de la participación política, la falta de consenso y una calidad de votantes potencialmente más baja. Aunque ahora en nuestro tiempo, con la facilidad de la comunicación digital, ya no se hace necesaria la representación ya que el ciudadanos puede expresar su voluntad e inmediatamente ser registrada en el registro de votos.

6. Muchos países utilizan elementos de democracia directa como el referéndum, la iniciativa electoral y el voto revocatorio.

7. La democracia directa debe ser muy, muy cercana a la ciudadanía. Si queremos que las personas tengan deliberaciones productivas, tenemos que establecer un sistema que recompense la buena participación política, el buen comportamiento cívico. Y para que realmente puedan realizar una buena labor, deben estar bien informados y actualizados de los asuntos políticos de que se trate, para llegar a consensos.

## Dialéctica, estrategia para lograr consenso

Ya sea entre partidos o entre ciudadanos reunidos para tomar decisiones, en el arte de la política, a fin de lograr objetivos comunes, es indispensable lograr consenso entre las diferentes facciones, o puntos de vista, con objeto de unir esfuerzos para lograr un mejor bien común. Un método para lograr el consenso es la dialéctica.

La dialéctica es un término utilizado en filosofía, y está estrechamente relacionado con las ideas de Sócrates y Platón. La dialéctica es cualquier razonamiento sistemático, exposición o argumento que yuxtapone ideas opuestas o contradictorias y generalmente busca resolver su conflicto; es un método para examinar y discutir ideas opuestas para encontrar la verdad.

Los diálogos de Platón presentan a Sócrates en el papel principal, y el diálogo proviene de las raíces griegas dia- ("a través" o "a través de") y -logue ("discurso" o "charla"). Dialecto y dialéctica provienen de dialecktos ("conversación" o "dialecto") y, en última instancia, de regreso a la palabra griega dialegesthai, que significa "conversar". [21]

La conversación o el diálogo estaban en el corazón del "método socrático", a través del cual Sócrates hacía preguntas de sondeo que, de forma acumulativa, revelaban las suposiciones y conceptos erróneos, sin fundamento de sus alumnos. El objetivo era "obtener una expresión clara y coherente de algo que se supone que todos los seres racionales conocen implícitamente".

Otros filósofos tenían usos específicos del término dialéctica, incluidos el aristotelismo, el estoicismo, el kantismo, el hegelianismo y el marxismo. Sócrates consideraba que hacer una serie de preguntas era un método para "dar a luz" a la verdad, y una palabra relacionada, mayéutica, definida como "relacionada con el método socrático de obtener nuevas ideas de otro o similar a lo mismo", proviene de la palabra griega que significa *"de partería"*. En la concepción marxista, es el desarrollo a través de las etapas de tesis, antítesis y síntesis de acuerdo con las leyes del materialismo dialéctico.

Nosotros, en forma práctica y didáctica exponemos el siguiente proceso para facilitar lograr el consenso por medio de la mayéutica, la conversación que contrapone puntos de vista diferentes hasta "obtener una expresión clara y consistente de algo que se supone que es conocido implícitamente por todos los seres racionales". Llegar a consensos es un imperativo en la política. De cualquier manera, someterse a las reglas

---

21    https://www.merriam-webster.com/dictionary/dialectic

parlamentarias es hacer las cosas en orden para lograr el bien común.

## Estrategia para lograr consenso en asambleas

Esta estrategia fue pensada para espacios formales, pero puede aplicarse a reuniones informales que tengan como objetivo el llegar a un consenso. Para ello, habrá que adaptar el procedimiento de acuerdo al sistema parlamentario según la organización y propósito de la reunión.

**Estrategia para lograr consenso en asambleas**



Fuente: https://knowablemagazine.org/article/society/2019/deliberate-fix-democracy. Adaptación y traducción por el autor.

## Inicio

**Primer paso. Temas a discutir.** En primer término se tiene que determinar con precisión los temas a discutir. Estos se pueden ir seleccionando por orden de importancia hasta llegar a los más relevantes para los asistentes. La persona a cargo de la reunión:

a. Define objetivos, agenda y participantes.

b. Remite la agenda a los participantes.

c. Da un mensaje de bienvenida y establece el modo de participación parlamentaria.

d. Respeta el horario pautado de inicio y finalización.

e. Finaliza con la redacción de un acta de cierre.

**Segundo paso.** Reglas básicas para la discusión entre participantes. Se establecen las reglas parlamentarias para tomar la voz. Estas son algunas sugerencias:

1. Ningún miembro puede hablar hasta que el presidente le dé la palabra.
2. Toda discusión debe ser relevante a la pregunta inmediatamente pendiente.
3. Ningún miembro puede hablar más de dos veces sobre cada moción a debatir. La segunda vez ocurre después de que todos y cada uno que desee debatir la moción haya tenido la oportunidad de hablar una vez
4. Ningún miembro puede hablar más de diez minutos o lo que decidan los miembros. Muchas reuniones limitan el debate a tres (3) minutos por orador mediante consentimiento general al comienzo de la reunión
5. Todos los comentarios deben estar dirigidos al presidente; no se permite ningún debate cruzado
6. El debate debe enfocarse en el asunto presentado, no en los individuos o personalidades; nadie tiene permitido realizar ataques personales o cuestionar los móviles de otros oradores

7. El funcionario que preside debe ceder la presidencia a fin de poder participar en un debate, y no puede retomar la presidencia hasta que se decida el asunto pendiente.

8. En la medida de lo posible, el presidente debe permitir que cada intervención alterne entre los que hablan a favor y los que hablan en contra de la moción.

9. Los miembros no pueden perturbar el desarrollo de la asamblea.

10. Las reglas de debate pueden cambiarse por un voto de dos terceras partes de los participantes, o con el consentimiento general, sin que haya objeción [22]

11. Se debe insistir en no interrumpir al orador en turno y no se permiten diálogos entre los miembros.

**Tercer paso.** Este es el paso más difícil de lograr dada la libertad de pensamiento y expresión del ser humano que tiende a expandir su pensamiento, incluso, muchas veces, llega a fantasear, a imaginar situaciones irreales. En el campo de la política esto puede traer graves consecuencias ya que lleva a situaciones paradójicas que pudieren ir de acuerdo a concepciones e intereses ideológicos que puede estar fuera de la realidad.

## Proceso

Toda persona quiere participar. Quiere ser escuchada. Su decir es importante para él o ella y espera que igualmente lo sea para los escuchas. Sin embargo, todos hemos estado en reuniones frustrantes en las que una persona se va por la tangente; son amantes del micrófono. Si el equipo no puede volver a encarrilar

---

22 https://www.pta.org/docs/default-source/files/training/course-tools/president/spanish/reglas-del-orden-de-robert_(roberts-rules-of-order-basics)

a la persona, las decisiones importantes se retrasan y la reunión se alarga más allá de la hora de finalización preestablecida. Es una de las formas más comunes en que las reuniones se descarrilan. Los equipos tienen muchas formas de desviarse del camino y, por lo general, lo hacen de manera colaborativa y sutil, con cada miembro del equipo actuando de buena fe. Estas son algunas sugerencias basadas en las causas más comunes por las que las reuniones se desvían por diversas contribuciones y cómo contrarrestar cada una de ellas para evitar salirse del enfoque o tema:

1. **No tener los mismos objetivos desde el inicio de la reunión.** Si la reunión no tiene un propósito acordado y un proceso para lograr ese propósito, si el grupo no ha acordado un camino, un procedimiento, todos pueden divagar. Todo el grupo debe estar de acuerdo, desde el principio, en el tema, o los temas a discutir. Todos en la reunión deberán estar concentrados al mismo tiempo, en el mismo contenido y evitar desviaciones.

   **Para evitar este problema,** se necesita un acuerdo explícito sobre el propósito de la reunión y un proceso específico paso a paso para abordar cada punto de la agenda. Esto se hace antes de la reunión, diseñando y distribuyendo una agenda con un propósito claro. Se debe incluir un proceso específico paso a paso para abordar cada elemento de la agenda e identificar cuáles requieren una decisión, determinando cuál será el método para llegar a una decisión.

2. **Que todos sepan qué tienen hacer, su papel, en la reunión.** Si cada persona no sabe que se supone que debe participar con cortesía, y contribuyendo a la reunión, esto aumenta el riesgo de que se desvíe la reunión. Cada persona debe saber lo que se espera de él o ella en la reunión: que comparta información, asesore a otros que están tomando la decisión, sea parte de una decisión o simplemente escuche con cortesía.

3.  **Evitar crear subtemas.** Observe atentamente las reuniones y notará que dentro de cada uno de los puntos de la agenda u orden del día, se derivan conversaciones más pequeñas sobre el tema principal que vienen a contaminar la temática de la reunión. **Lo importante es mantener la reunión enfocada, centrada en el tema y evitar desviarse a subtemas.**

    Después se pueden desarrollar otros de los subtemas. Cada uno de estos minitemas debe abordarse enfocado a resolver la pregunta, el tema principal de la orden del día. La reunión, su enfoque e impulso empieza a fracasar, cuando comienzan varias conversaciones sin llegar un final convergente con el tema principal. Cuando hay necesidad de abordar un subtema, la estrategia principal para evitar desviaciones es que aterrice el subtema, no lo deje a la deriva, cerrándolo en relación al tema principal y haciéndolo saber a la audiencia.

4.  **No dirigirse de manera contundente o estigmatizante, a quienes se desvíen del tema principal.** Es vital manejarse con sensibilidad cuando se hace una alusión a que alguien está o se desvió del tema principal.

    Si se es insensible a quien está haciendo el comentario —como todo mundo piensa que lo que dice es de la mayor importancia—, es probable que suceda una de dos cosas: la persona seguirá planteando el problema o no participará durante el resto de la reunión. La solución es ser transparente, curioso y compasivo. Puede decir algo como, "Armando, no veo cómo su comentario sobre… se relaciona con la pregunta que estamos tratando de responder. ¿Puede ayudarme a entender la conexión o, si cree que no está relacionada, podemos someter a votación si debemos abordar su tema y cuándo?". Puede ser que Armando ha identificado un problema importante en el que nadie más pensó.

    Si Armando continúa planteando el mismo problema después de usar este enfoque, puede hacer lo que se llama una meta-intervención: "Armando, pensé que habíamos acordado discutir el tema de… en una fecha posterior, pero parece que estás planteando el tema nuevamente. ¿Sí?" Si Armando está de acuerdo y continúa, se puede preguntar: "¿Hay algo en el acuerdo que no te funciona?" Esta situación surge cuando en realidad no hubo acuerdo sobre exactamente cuándo se discutiría el tema. Evitar hacer que el miembro sienta que está fuera de sintonía.

5. **El éxito de la reunión es labor de todos.** En los equipos de alto rendimiento, todos los miembros del equipo son responsables de la eficacia del equipo.

   Eso significa que si usted es un miembro del equipo y ve que no hay un propósito y un proceso claros para la reunión, no sabe cuál es su papel en la reunión o parece que las personas se están desviando del tema, diga algo en lugar de callarse o criticar al líder por la mala gestión de la reunión.

Asegurarse de que sus reuniones se mantengan encaminadas implica varios pasos. Todo comienza antes de la reunión con el diseño de una agenda clara, continúa al comienzo de la reunión buscando un acuerdo sobre la agenda y los roles que desempeñarán las personas, y continúa a lo largo de la reunión para asegurarse de que el grupo esté en el tema que acordó discutir. **Si todos en la reunión son responsables de prestar atención y hablar cuando las cosas parecen poco claras o fuera de tema, su equipo seguramente estará en el buen camino y a tiempo.**

## Beneficios

Las mejores reuniones son una oportunidad para 'cocrear', para llegar a puntos de acuerdo. Gran parte de los conocimientos y el talento necesarios para realizar 'el trabajo' ya están en la cabeza de los participantes.

Pero, al igual que aquellos que se dedican a improvisar encima del escenario, los asistentes tienen que entrar en calor para encontrar la inspiración y tener la oportunidad de expresarlo en orden. La neurociencia nos dice que, para que esto suceda, **las personas tienen que sentirse bienvenidas y conectar entre sí.** Aunque los detalles variarán en función del objetivo y la cultura de la organización es importante que **todos sientan que tienen la oportunidad de expresarse, si así lo desean.** Lo importante es llegar a decisiones basadas en la realidad, que sean verificables y sólidas.

### Resultados

En la medida que la reunión sea exitosa, se llegará a:

1. Puntos de acuerdo y consenso verdadero.

2. El beneficio de las decisiones se podrá probar.

3. Se lograrán nuevos puntos de vista y actitudes entre los integrantes.

4. Se lograrán nuevas políticas de actuación.

**La mejor reunión es la que hace sentir a los participante con nueva energía, que aprendieron cosas nuevas y que vivieron momentos de fraternidad.**

### Elección de ministros, magistrados y jueces

Las funciones del sistema judicial en la preservación de la democracia, son vitales. Las TIC pueden ser un valioso auxiliar en la designación de los diversos puestos dentro del sistema judicial; desde ministros, magistrados, jueces, agentes del ministerio publico, etcétera.

Recientemente fueron presentadas diversas iniciativas de reforma a la Constitución Política de los Estados Unidos Mexicanos (CPEUM) para que los ministros, magistrados y jueces, integrantes del Poder Judicial de la Federación (PJF) sean elegidos mediante voto popular.

Hasta el momento son tres las propuestas más relevantes al respecto, todas ellas presentadas por miembros del grupo parlamentario de Morena, dos de las cuales buscan modificar la CPEUM y una legislación secundaria como la Ley General de Instituciones y Procedimientos Electorales (LGIPE) y la Ley Orgánica del Poder Judicial de la Federación (LOPJF). [23]

## La propuesta

Las iniciativas establecen varios puntos importantes, entre ellos:

1. Elección de ministros, magistrados y jueces mediante voto popular directo y universal.

2. La elección de ministros se realizará mediante una convocatoria por parte de un Comité Técnico cuyos miembros serán seleccionados por los tres poderes de la unión.

3. El Comité verificará el cumplimiento de los requisitos y seleccionará a los mejores evaluados.

4. La lista de las personas elegidas se enviará a la Cámara de Diputados, quien lo remitirá a la autoridad electoral para que realice el proceso correspondiente.

5. La elección de magistrados y jueces se realizará bajo el mismo procedimiento que aplica a los ministros.

---

23 https://www.taxtodaymexico.com/
ministros-magistrados-y-jueces-electos-por-voto-popular/

## Aspectos importantes

En ese orden de ideas, además de lo anterior, valdría la pena cuestionarnos diversos aspectos, entre ellos la manera en la cual los interesados en ocupar estos puestos podrían dar a conocer su perfil y propuestas, pues parece lógico y necesario permitirles mostrar su proyecto para que el electorado los conozca, tal y como sucede con los cargos de elección popular. Lo cual, nos llevaría a preguntarnos cómo funcionaría el financiamiento para tal situación, el otorgamiento de tiempos en radio y televisión, así como los mecanismos de control y transparencia.

Lo anterior, se traduciría en un gasto adicional al que se lleva a cabo hoy con las elecciones, y una necesidad de contar con el suficiente personal electoral para desahogar estas acciones.

Finalmente, debe recalcarse que estas iniciativas tendrán que someterse a un análisis exhaustivo en donde se aborden las problemáticas y retos que se tendrían al implementar un mecanismo como se plantea y preguntarse si en realidad esto resuelve los problemas en materia de justicia, pues si bien es cierto la designación de miembros del PJF es perfeccionable, también lo es que para lograrlo deben existir alternativas viables que fortalezcan la independencia y autonomía del Poder Judicial. [24]

Las cofradías tienden a proteger, justificar y solapar a sus miembros. En la actualidad, el sistema judicial mexicano es un gremio cerrado, una mafia, que entre ellos eligen a quienes pueden unírseles sin que el pueblo, que es su patrón y paga sus onerosos sueldos, pueda tener decisión alguna. Es un poder que incluso se maneja como supremo, dictando lineamiento a los otros poderes: ejecutivo y legislativo. Esta es una

24  Ídem.

situación que debe modificarse desde la base, en la Constitución del país. En el sentido de consultar a la ciudadanía, las TIC son una herramienta invaluable.

Sin embargo, como siempre, hay una resistencia al cambio y más aún cuando existen intereses de los poderes fácticos y otros, que se verían afectados. Pero no puede haber una lucha a la corrupción y la violencia que azota al país mientras los jueces y magistrados solapen a los criminales lo que automáticamente promueve la impunidad y por ende, la criminalidad.

# Democracia digital (E-democracy)

## Introducción

Las tecnologías de la información y la comunicación (TIC) llegaron para quedarse en todo el planeta. Las TIC pueden mejorar la vida cívica sirviendo a una variedad de fines sociales, incluida una mejor prestación de servicios gubernamentales a los ciudadanos, mejores interacciones del gobierno con las empresas y la industria, empoderamiento de los ciudadanos a través del acceso a la información y la participación en los procesos de toma de decisiones; en general es un elemento coadyuvante para lograr una gestión gubernamental más eficiente.

Si bien las aplicaciones de las TIC están impactando en casi todos los aspectos de la vida moderna, hay ciertas áreas en las que se cree que la digitalización tiene efectos más profundos que en otras. A medida que los científicos sociales, los políticos y otros expertos exploran gradualmente las implicaciones potenciales de estos desarrollos, en los últimos años han surgido dos conceptos:

1. Gobierno electrónico (o gobernanza electrónica).
2. Democracia electrónica (mayor participación cívica).

Por último, debemos considerar que estas formas de participación política electrónica, aún no sustituyen del todo al representante político, al administrador de los asuntos públicos, pero si le hace saber en forma más certera lo que piensan sus representados ya que hay menos posibilidad para la interpretación personal del representante político sobre la voluntad ciudadana.

Sin embargo, la representatividad política nunca podrá desaparecer del todo; simplemente, el primer mandatario de cualquier nación es un representante de una nación. Las TICs aplicadas con justicia a la política, hará que las decisiones sean un reflejo más fiel de la democracia.

Las TICs (singular o plural) representan un amplio abanico en las ciencias digitales. La Inteligencia Artificial se encuentra dentro de ellas y representa un campo de acción de reciente desarrollo.

## E-democracia

El advenimiento social en la comunicación, que se denomina e-democracia también conocida como democracia digital o democracia en Internet, incorpora las TIC (Tecnologías Informáticas para la Comunicación) para promover la democracia; dichas tecnologías incluyen:

a. Tecnología cívica (Evaluación de la voluntad ciudadana).

b. Tecnología gubernamental, (Apoyo en la administración pública) que desarrollaremos más adelante.

La e-democracia se puede definir como la búsqueda y la práctica de la democracia utilizando medios digitales en la comunicación política, tanto en línea y fuera de línea. Debemos tomar en cuenta que las actividades políticas no solo ocurren en Internet, sino también en reuniones presenciales en las que se utilizan medios digitales móviles para coadyuvar en la comunicación.

La e-democracia abarca las condiciones sociales, económicas y culturales que permiten la práctica libre e igualitaria de la autodeterminación política. Es una forma de gobierno en la que se presume que todos los ciudadanos mayores de edad son elegibles para participar por igual en la propuesta, desarrollo y creación de las leyes. Es un nuevo paradigma de convivencia, que está en proceso de desarrollo, eliminando algunos de los límites tradicionales de la comunicación ciudadana en políticas democráticas, liberales contemporáneas; enfrentando problemas de escala en la población, escasez de tiempo y el declive del sentido de comunidad en la sociedad moderna.

Presenta un nuevo paradigma de convivencia y gobernanza basada en las ciencias digitales de la comunicación, incluyendo la Inteligencia Artificial, que ya puntualizaremos más adelante.

La democracia digital busca romper con el elitismo y llegar a todos los niveles de la ciudadanía. Como ya lo mencionamos, básicamente tiene dos aplicaciones, en los procesos electorales o de consulta ciudadana, y también involucra nuevas y variadas formas de comunicación para logra una gobernanza más efectiva y eficaz.

La tecnología puede ayudar a la democracia eliminando la falta de oportunidades para la deliberación política, a ser más receptiva responsable, justa y puede superar problemas de comunicación y distancia con el uso de nuevas formas de comunicación instantánea en línea.

La E-democracia brinda oportunidades, desafíos como la Inteligencia Artificial (IA), y además crea puntos de referencia importantes para cualquier reflexión sobre el impacto de la tecnología digital en la democracia participativa, sobre el futuro de la gobernanza, sobre la participación ciudadana e incluso sobre la concepción moderna de la democracia.

Los beneficios más importantes derivados de la tecnología aplicada a la democracia digital, pudieran ser la digitalización y el derecho de acceso a documentos, datos y al mismo tiempo, la protección de la privacidad. Estos factores ayudan a preservar la transparencia y promueven el conocimiento de las actividades políticas al resto de la ciudadanía. También ayudan a aumentar la calidad de la participación cívica y el nivel de responsabilidad en la democracia moderna al sentirse el ciudadano mejor representado y en control de sus decisiones políticas.

**Este nuevo impulso democrático, es resultado del hecho existencial que todo evoluciona, incluyendo los esquemas de gobierno y gobernanza. Así, tenemos que evaluar cómo está cambiando el papel de las instituciones representativas dentro de este contexto: la democracia electrónica y la participación electrónica tienen un impacto directo en la relación**

**entre los ciudadanos y los representantes electos y la política en general que ya no está interrelacionada simplemente a través de elecciones, escasos contactos directos con la ciudadanía o decisiones de representantes que no necesariamente han ido de acuerdo con el sentir ciudadano.**

Por medio de herramientas digitales de participación ciudadana, se logra una mayor y más fiel comunicación entre el electorado y los representantes que deben tomar decisiones de acuerdo al sentir del pueblo. Los representantes pueden conectarse con su base electoral de manera más directa (y en cualquier momento), para consultar y deliberar directamente sobre sus preferencias en las opciones políticas que se tomarán.

Así, el término e-gobierno tiene un alcance básicamente de administración gubernamental. Simplemente se refiere a la entrega electrónica de servicios e información, como el pago de multas de estacionamiento y otras tarifas en línea, o el suministro de alertas y notificaciones en tiempo real para la limpieza de calles o emergencias. Es básicamente un aspecto de la gobernanza que se refiere a la comunicación entre ciudadanía y gobierno con respecto a las obligaciones entre la ciudadanía y el gobierno.

El término, e-gobernanza, por el contrario, tiene un alcance más amplio y abarca la regulación y transparencia de las operaciones administrativas con los gobiernos e instituciones a través de las TICs, y la participación ciudadana en las elecciones.

La gobernanza electrónica no solo implica el uso de herramientas tecnológicas, sino que también tiene como objetivo mejorar los servicios, aumentar la participación de las partes interesadas en las políticas y la toma de decisiones, y ofrecer canales que generen una cultura y práctica de gobernanza que sirva mejor a los ciudadanos, respetando —y es lo más importante—, la voluntad ciudadana.

En otras palabras, el gobierno electrónico consiste en diversos servicios gubernamentales que se pueden brindar a través de medios tecnológicos, mientras que el gobernanza electrónica se enfoca en cómo se puede mejorar el gobierno en términos de participación y transparencia a través del uso de las TICs. El gobierno electrónico proporciona un nuevo marco de participación ciudadana a fin de eficientar su quehacer por medio de una comunicación más expedita y fiable.

Al estar definida la nueva participación ciudadana por la nueva comunicación bidireccional y la accesibilidad mejorada, se abren nuevas perspectivas para la participación política y el intercambio de información entre los sectores público y privado, así como entre diferentes partes de la sociedad en general. Por ejemplo:

a. Analizar la actividad en línea y el comportamiento de los usuarios para ayudar a los políticos y tomadores de decisiones a identificar qué temas son importantes y qué partes de la población requieren más atención y recursos.

b. Aplicaciones y sitios web específicamente desarrollados como herramientas digitales que ayudan a los ciudadanos a ser más exitosos y efectivos en la coordinación de la acción colectiva.

c. Las redes sociales como herramienta para influir en los debates públicos y la opinión pública informando y esclareciendo la "desinformación deliberada" ("fakes news") a los ciudadanos.

d. Plataformas de participación ciudadana que apoyan todo tipo de procesos participativos, asambleas digitales, sondeos y consultas en línea.

Si bien estas herramientas no son nuevas, se están utilizando cada vez más en los procesos de toma de decisiones de los movimientos sociales y en los partidos políticos. Este desarrollo presenta un enfoque novedoso, especialmente en lo que respecta a la comunicación ciudadana o democracia directa o semi directa por la naturaleza abierta e igualitaria de las nuevas formas de participación impulsadas por las TICs y va directamente contra las normas de centralización y jerarquías fijas tradicionales del control de partidos.

En la e-democracy, además de los principales portales web de los gobiernos, existen otros canales para brindar servicios de gobierno electrónico. Estos incluyen el uso de teléfonos inteligentes conectados a Internet (dispositivos ricos en funciones con capacidades máximas de comunicación), interfaces de voz (que permiten capacidades multilingües), aplicaciones de teléfonos móviles económicas (SMS), y aplicaciones de las redes sociales que proporcionan interacciones de comunicación de ida y vuelta libres de costo.

La e-democracia puede entenderse como un subconjunto de lo que se describió anteriormente como e-gobernanza, refiriéndose al papel que juegan los ciudadanos y la sociedad en su conjunto para influir en la operación del gobierno, y cómo se utilizan las TICs en este sentido, para incluir todos los procesos asistidos por tecnología que informan e influyen en la toma de decisiones políticas, desde consultas con las partes interesadas hasta la participación ciudadana. Todas las tecnologías que permitan un gobierno electrónico que respalden el surgimiento de la democracia electrónica respetando la voluntad de la ciudadanía, del pueblo.

El uso de la tecnología digital ya se puede ver en el uso de la votación en línea para la toma de decisiones internas, como se lleva a cabo en muchos congresos por medio de tableros electrónicos que se encuentran en la sede y cuya votación se puede dar desde el curul correspondiente, o a distancia desde sus teléfonos celulares inteligentes.

Con los continuos avances en las capacidades y la seguridad de las TIC, podemos esperar ver un aumento constante en la implementación de soluciones de gobierno electrónico y democracia electrónica en todo el mundo. Especialmente en países donde hay un decremento en la participación ciudadana, donde existe un gran desencanto con los partidos políticos. Estas nuevas formas de democracia tienen el potencial de reconstruir la confianza del público en las instituciones y fomentar el compromiso cívico al verse reflejada la voluntad ciudadana, en forma inmediata. Estas herramientas digitales, utilizadas sensatamente y respetando la voluntad ciudadana, coadyuvan a promover democracias transparentes, de fácil y segura participación, imparciales y precisas.

**Tanto la e-participación como la e-gobernanza al ser alternativas de nueva generación para la deliberación política, aún requieren una "alfabetización tecnológica" general, tanto de los ciudadanos como de los representantes políticos a fin de que reflejen mejor las preferencias de los ciudadanos.**

Para lograr esta comunicación estrecha entre ciudadanos con los entes decisorios de políticas públicas, es necesaria una cierta inversión pública en infraestructura y alfabetización sobre el uso de la tecnología de comunicación social. Al respecto **es interesante notar que parte del camino ya está andado como resultado de que gran parte de la ciudadanía ya posee teléfonos celulares e incluso —en menos grado—, computadoras.**

**El acceso a la e-gobernanza tiene que estar respaldado por un nivel de formulación de políticas, reglamentos e incluso legislación sobre procedimientos y oficialización de resultados.** Estos elementos son esenciales en toda la sociedad a fin de dar certeza y mejorar la democracia electrónica y la participación electrónica. Igualmente, cuestiones de escrutinio virtual, aplicación y seguridad del sistema. **También tendrá que verificarse la neutralidad de**

**la tecnología, el procesamiento de la información, la representatividad de los entes involucrados, el papel del sector privado y de los grandes poderes fácticos.**

La e-democracia, en su desarrollo, ha sido un proceso gradual hacia más y mejores herramientas y métodos para aumentar la e-participación. **El uso 'bueno' o 'malo' de la tecnología TIC, ha sido el resultado de objetivos y estrategias inherentemente neutrales en la posible inclinación de las diversas ideologías.** Los objetivos clave han sido fomentar la apertura del proceso político y, como tales, han buscado formar los cimientos de una mejor gobernanza. Un aspecto de oportunidades para el mejoramiento de la democracia virtual y electrónica es contribuir al objetivo de proporcionar identidad legal para todos los ciudadanos, desde el registro de su nacimiento.

**En la implementación de esta estrategia digital al sistema político, también se deberá tomar en cuenta que habrá una resistencia por parte de ciertos intereses ya incrustados en el sistema político que se opondrán todo cambio en el sistema político. Algunas de estas objeciones podrán ser válidas dado que es algo nuevo en la interacción política, pero otras estarán basadas en intereses mezquinos, siniestros para seguir manipulando la voluntad del pueblo.**

Por otro lado, podría existir un peligro latente que nunca antes había enfrentado el ser humano: una voluntad ajena a él y que le manipule y controle, que es lo que veremos a continuación.

## Riesgos de la e-democracia.

Un riesgo latente es una deficiente implementación de un sistema e-democracia y e-gobernanza, basada en las TIC, al sistema político. Esto se puede originar por una documentación confusa o forma de operación errónea del sistema. También por procedimiento para recabar información y descargar documentos por la ciudadanía. Si estos procedimientos no son claros y sencillos, y puede llegar a confundir a la ciudadanía e incluso a los operadores del sistema dando como resultado que en lugar de fomentar la transparencia, el buen gobierno y la rendición de cuentas. Esto será un desperdicio de recursos públicos y fomentará la frustración de los ciudadanos a utilizar el sistema digital. De ahí que la planeación e implementación de la usabilidad del sistema sea de vital importancia.

Otro aspecto muy importante en cuanto a la evaluación del sentir ciudadano y la manipulación de su voluntad es que en la comunicación digital se pueden presentar casos de uso de granjas de instrumentos repetidores de mensajes (bots), que desvirtúan las tendencias verdaderas.

Los bots (derivado de "robots") en redes sociales son programas automatizados y dispositivos, que simulan la interacción humana en las redes sociales. Conforme aumenta su frecuencia y habilidad para imitar el comportamiento humano, el impacto, tanto útil como perjudicial en las mentes de los usuarios, desvirtúa la percepción de la realidad y tienden a defraudar la voluntad humana, la democracia.

"Está surgiendo cada vez más evidencia empírica que muestra los efectos perjudiciales del uso de las redes sociales en los procesos democráticos. Estos incluyen acusaciones sobre el papel de las redes sociales en la contaminación cada vez mayor del ecosistema de la información con noticias falsas, discursos de odio y propaganda agresiva, y acusaciones de crear filtros de burbujas y cámaras de eco que amenazan la deliberación pública constructiva y facilitan formas de populismo y autoritarismo antidemocráticos .

"Estos nuevos repertorios lúdicos de uso de las redes sociales podrían, de alguna manera, considerarse como facetas de lo político. Independientemente de su viabilidad, los peligros asociados con este deterioro del debate racional, que van desde la erosión de las capacidades de los usuarios para escudriñar la validez de la información, las cámaras de eco solipsistas, [25] las campañas negativas, la retórica populista y autoritaria, hasta el extremismo y la política de celebridades, son cada vez más evidentes en la política contemporánea.

"Y, por supuesto, los movimientos antiliberales, no emancipadores y populistas de derecha también están aprovechando con éxito las oportunidades de los nuevos medios para influir en el discurso, organizarse y movilizarse. Además, las redes sociales se pueden utilizar para la difusión y organización

---

25    El solipsismo es una doctrina filosófica, según la cual, "mi yo solo" o únicamente mi consciencia existe, y todo el mundo restante, incluidos los hombres, no existen de hecho, sino que son creados por mi conciencia, por mi imaginación. En realidad, es una forma radical de subjetivismo según la cual sólo existe aquello de lo que es consciente el propio yo; la realidad externa es inaccesible o inexistente, y todo lo que percibimos o imaginamos es una creación de nuestra mente.

de información fuera de los medios tradicionales , que pueden estar bajo el control del gobierno. Por el contrario, las plataformas de redes sociales son cada vez más el objetivo de los gobiernos para influir y manipular la opinión pública en línea". [26]

## Inteligencia Artificial y sus riesgos

El desarrollo de la Inteligencia Artificial, para algunos pensadores, tal vez sea el invento más importante del siglo XXI y que repercutirá en toda nuestra historia futura. Aunque la IA nos puede brindar muchas cosas buenas, paradójicamente, también puede presentar algunos riesgos ser un riesgo para nosotros como especie.

IA es un tema tan actual, que llamamos a todo inteligencia artificial, lo cual es peligroso. La inteligencia artificial que funciona en campos unidisciplinarios con gran cantidad de datos y toma excelentes decisiones, incluso mejor que nosotros. Pero carece de rasgos humanos como la creatividad y los sentimientos.

Muchas personas piensan que la IA es más bien mala. Más bien es una desafortunada consecuencia del siniestro comportamiento de algunas compañías, de la mala praxis, de la comercialización desmedida y del sensacionalismo mediático. No podemos culpar a la tecnología. La tecnología es neutral y la naturaleza humana es más buena que mala y así buscaremos más aplicaciones buenas para la IA. Al igual que con la electricidad que tiene muchos usos buenos, también tiene algunos malos. Internet tiene muchos usos buenos, pero también malos.

26   https://www.populismstudies.org/Vocabulary/e-democracy/

Cualquier cosa mala que haya pasado con la inteligencia artificial es culpa de quien la haya usado con un mal fin. Tenemos que regular penas para quienes abusen del poder de la tecnología para sus siniestros fines que por lo general siempre conllevan doblegar, acotar, la libre voluntad.

## Secuestro de la voluntad

**Durante toda la historia de la humanidad, el hombre siempre ha tratado, por diversos medios, de imponer su voluntad. Después de todo, la voluntad es su facultad más importante. La imposición de esa voluntad la ha ejercido para domesticar otros seres vivientes e incluso a toda la naturaleza, incluyendo, desde luego, también a otros hombres. Sin embargo, con el advenimiento de la Inteligencia Artificial por primera vez en su historia, existe la posibilidad —y el peligro—, de que otra voluntad, no humana, sea ejercida sobre él... "la voluntad máquina". [27]**

Un incipiente ejemplo práctico se desprende del uso del teléfono celular. Mucha de la información que recibimos está basada en el estudio algorítmico que hace la IA de los servidores digitales, con base a nuestros movimientos, los lugares que visitamos, lo que marcamos que nos gusta o no, etcétera. Cuando nos conectamos a Netflix, las posibilidades para escoger que película a ver, ya está predeterminada por las opciones que nos presentan, determinadas por las

_______________

27 He desarrollado este término para distinguirlo de la voluntad humana o biológica en general.

decisiones de un algoritmo. Toda esa información de nuestra conducta permite a los servidores digitales enviarnos información sin consultar nuestra voluntad. Desde luego que la información tendrá un impacto en nuestras decisiones. La voluntad máquina se verá reflejada en mayor o menor grado en nuestra conducta.

La política, en cierto sentido, implica la imposición de la voluntad de un grupo sobre otro. Después de todo la existencia se da en la dualidad. Sin embargo, la IA es distinta a cualquier otro desarrollo en la historia de la humanidad. A pesar de que frecuentemente ha habido personas que se asustan con cualquier nuevo descubrimiento, el desarrollo de la IA es distinta en dos aspectos clave.

El primero es que representa el primer invento, la primera herramienta, la primera tecnología en la historia de la humanidad que puede tomar decisiones, crear ideas, por sí misma e incluso falsificar la voz humana con el mismo tono y características de acento, ritmo y entonación. Esto representa un gran peligro para la democracia ya que desde sus inicios está basada en la comunicación oral, en la discusión, en los debates que son orales. Aunque también las discusiones pueden ser escrita, la predominancia de las discusiones es oral. La oratoria es la herramienta de convencimiento más rápida y efectiva.

Todos los inventos en los anales de la humanidad hasta ahora, nos daban poder. La decisión o voluntad de usar esa herramienta la tomábamos solo los humanos.

Con la IA es distinto ya que puede tomar decisiones por su cuenta, no solo con respecto a sí misma, sino sobre nosotros.

Sin darnos cuenta, se está empezando a normalizar que no haya un ser humano decidiendo por nosotros, sino un equipo con IA. Cuando se ve un vídeo en Youtube o Netflix, no es un humano quien decide qué vídeo te va a recomendar, sino un algoritmo. Otro ejemplo es la radio. Ya no es un humano quien decide que anuncios o programas transmitir, sino un algoritmo de IA.

Hasta ahora, toda nuestra cultura ha sido cultura humana, pero la IA puede cambiar el curso de la Historia. La IA puede crear discursos, textos de diversa índole, música, cuadros, imágenes y videos por sí sola. Quizás dentro de unos pocos años vivamos en un mundo en el que la mayor parte de las decisiones no las tomen los humanos, en el que las historias no las cuenten los humanos, en el que los cuadros no los pinten los humanos sino algoritmos. **No tenemos ni idea de las implicaciones de todo esto.** Estamos acostumbrados a vivir en un mundo en el que los humanos toman las decisiones pero esto puede cambiar, si no en su totalidad, si en gran parte, como ya empieza a suceder.

**Esto es algo extraño que no comprendemos.** La IA no es mala en sí. Puede tomar buenas decisiones, crear buenas historias y dar buenos resultados, pero lo importante es que tenemos que concientizarnos que es la primera vez en la historia que nos están arrebatando el poder de nuestra voluntad y se le está dando a un ente extraño, ajeno a nosotros mismos como humanos.

La IA piensa, toma decisiones, crea cosas de manera radicalmente distinta a los seres humanos; no tiene sentimientos derivados de la biología, sino de procesos matemáticos. Estamos muy cerca de alcanzar el punto donde dejemos de entender el mundo en el que vivimos porque estará gobernado por una inteligencia extraña que no entenderemos y lleno de cosas que no habremos creado con nuestro intelecto.

La IA habrá tomado el control no solo en la toma de decisiones. El dinero es un constructo cultural. [28] "Nosotros imprimimos los billetes. Nosotros decidimos qué era el dinero electrónico. Todas las criptomonedas como el Bitcoin son constructos culturales. ¿Qué pasa si la IA inventa nuevas divisas que no entendemos?" Tendremos que lidiar con algo que no entendemos y que es mucho más poderoso que nosotros. Y esto no será dentro de miles de años. Esto puede ocurrir de aquí a 10 o 20 años. Una vez más, esto sería en el peor de los casos, pero hay que tomar decisiones con cabeza respecto a la

---

28    El constructo está más allá del proceso mental concreto que se conoce como ideación y el proceso físico y social que implica la comunicación. Para la psicología, una construcción es una categoría descriptiva bipolar que permite a cada individuo organizar experiencias y datos de la realidad. Nuestra Mente usa el pensamiento abstracto para elaborar ideas. Así, a través de la abstracción hacemos conceptos que no corresponden directamente a la realidad que observamos. De esta manera, diseñamos principios geométricos, códigos de lenguaje o teorías científicas que explican algún aspecto de lo que nos rodea. Todos estos elementos son constructos, ya que han sido construidos por nuestra mente a partir de la actividad cerebral. Según la teoría de las construcciones personales de Kelly, para realizar esta actividad un individuo necesita una serie de herramientas (por ejemplo, un mapa y un GPS). Por otro lado, la ruta a realizar debe planificarse con antelación. Los constructos están relacionados con la planeación, con la psicología del futuro. https://conceptodefinicion.de/educacion/ Ver, Lagos Barba, *Teoría Política y su Evolución.* Digital Dreams Factory, S. C. Amazon printing house. *La política y la perspectiva del futuro.* 2023. Pág. 64 y siguientes.

IA mientras aún podamos hacerlo porque, como esperemos, decidirá por nosotros. [29]

Recordemos dos cosas: que la evolución tarda mucho tiempo en mostrar las consecuencias de cada paso en su evolución, por ejemplo, la Revolución Industrial tardó muchos años para que pudiéramos apreciar en toda su magnitud, tanto las ventajas como las desventajas, las consecuencias nefastas. El segundo punto, es que como especie, uno de nuestras capacidades más importantes es la adaptabilidad. No sabemos qué tan rápido la IA evolucionará con el apoyo de ella misma, quizás ocurra una especie de mutación en la evolución de la humanidad. De cualquier manera, debemos ser muy previsores y precavidos con las incertidumbres del futuro.

## Corolario

Todo evoluciona. Las concepciones de la mente están en constante evolución, tanto las concepciones personales como las sociales. Igualmente, la tecnología está en constante evolución afectando nuestro estilo de vida en diferentes esferas, incluyendo las modificaciones en la esfera laboral, especialmente en áreas de "tiempos y movimientos repetitivos".

¿Qué tanto evolucionará la mente y la tecnología? Solamente podemos estar seguros que ambos parámetros existenciales continuarán. Probablemente hasta un punto en que la biotecnología nos una en una simbiosis de la especie biotecnológica que hará del

---

29 Yuval Noah Harari. Historiador. Charla por video de acceso libre.

hombre algo muy diferente de sus orígenes eminentemente biológicos.

En la esfera de la política, los avances en la comunicación instantánea también afectarán nuestra administración pública y la forma de tomar decisiones sociales, incluso algunos pensadores políticos han llegado a pensar que el Internet será la ***Máquina de la Democracia***, porque realmente conecta a las personas y les permite expresar sus puntos de vista. Sin embargo, como en la vida diaria, algunas personas en Internet son unos rufianes de los cuales tenemos que protegernos.

Si queremos que la comunicación y la deliberación en Internet sea democrática, productiva y respetuosa de los otros, es necesario darles el reconocimiento por las buenas aportaciones y recompensar el buen comportamiento. Siempre debe existir una supervisión más allá de la voluntad del individuo a fin de que se comporte dentro de los cánones aceptados dentro de una sociedad.

**Al respecto tendremos que tejer finito para que en las elecciones políticas, la decisión no vaya de acuerdo a los intereses fácticos, ni de ningún otro control que afecte el libre albedrío del hombre. El peligro se cierne en tres orígenes de intención de coartar la voluntad ciudadana:**

a. Poderes fácticos derivados de los grandes capitales (plutocracias),

b. Autoritarismo gubernamental (dictadura del estado) y

**c.**   Sometimiento a la voluntad máquina (IA).

Cuando pensamos en la inteligencia artificial debemos enmarcar la discusión sobre la inteligencia artificial e inteligencia en general humana. Tendremos que extrapolar lo que, por ejemplo, nos pudiera llevar al colapso de la democracia. Esto se podría deber a que se habría utilizado la IA de forma perversa.

Es necesario que utilicemos nuestro tiempo para la comprensión y el desarrollo de nuestras propias mentes al unísono que desarrollamos la Inteligencia Artificial. Si queremos evitar el régimen totalitario del Gran Hermano —ya sea voluntad humana o máquina—, que doblegue nuestras voluntades, es muy importantes preservar nuestros valores humanos altruistas por medio de subconjuntos de personas que son más compasivos y más sabios que el individuo aislado. Bien que suena como una utopía, pero, la ilusión, la esperanza, los ideales son parte de la naturaleza humana que no los de una máquina.

Si vemos problemas de privacidad, imparcialidad, seguridad o algo negativo en general, no culpemos y despreciemos a la tecnología. Tenemos que decir cuándo la inteligencia artificial no lo esté haciendo bien. Las nuevas tecnologías siempre presentan problemas pero los solucionaremos si nos esforzaremos. No olvidemos que, aunque Google, Facebook o Amazon tengan problemas, hacen nuestras vidas más productivas, eficientes y agradables. Necesitamos el apoyo del consumidor para ayudar a los desarrolladores a crear mejores aplicaciones.

## *La tecnología en la democracia*

Si nos deshiciéramos de la inteligencia artificial, muchas de las cosas a las que estamos acostumbrados dejarían de funcionar y en cinco años tendríamos otros problemas mucho más graves.

La inteligencia artificial puede ser comparada con la electricidad y el Internet, como elementos de comunicación social y cambio de vida positivo. La tecnología no es ni buena ni mala. No es más que tecnología. Pero el ser humano es bueno y busca por naturaleza el bien. Hacemos más cosas buenas que malas y frecuentemente hacemos cosas malas como resultado de nuestra ignorancia pero que con el tiempo nos damos la oportunidad de corregir. Solucionaremos los problemas de la inteligencia artificial, y será tan positiva y útil como la electricidad y el Internet.

El objetivo de este trabajo ha sido abrir la mente a la experiencia de las nuevas formas de gobernanza buscando un reflejo más fiel de la voluntad ciudadana apoyado en la evolución de la tecnología, pero como todo en la vida, **tenemos que confiar... pero verificar para que vaya de acuerdo a la voluntad de las mayorías del hombre.**

*"El hombre no es más que
un nudo de relaciones;
las relaciones son lo único
que cuenta para el hombre".*

A de Saint-Exupéry. *El principito.*

## Democracia sin partidos

Nosotros hemos tenido la oportunidad
de conocer al hombre,
mejor quizá que ninguna otra generación.
¿Qué es, en realidad, el hombre?
Es el ser que siempre decide lo que es.
Es el ser que ha inventado
las cámaras de gas, pero asimismo es el ser
que ha entrado en ellas con paso firme,
musitando una oración.

Viktor E. FRANKL,
*El hombre en busca de sentido.*